Sumário

Sobre o livro

Se você já ouviu falar sobre a lei da atração, leu o livro "O segredo" ou vários outros sobre esse tema, já sabe que para criar algo a partir desta lei deve seguir três passos fundamentais, os quais são: faça o seu pedido, entregue-o ao Universo sentindo como se já estivesse realizado e por fim, confie, acredite e receba.

Porém o que esses livros nunca te ensinaram é "como de fato confiar no Universo" quando você está sentindo dúvida e um medo tremendo de que aquilo que pediu não se realize!

Deste modo, o livro Lei da Atração: Como confiar no Universo é um guia, que vai te ajudar na realização do passo 3 da lei da atração, que é confiar. Pois este é um passo muito importante, afinal é o que permite que seus desejos se manifestem fisicamente para você.

Este livro inspira o leitor a retomar o seu

poder interno de criação e confrontar de forma eficaz seus medos e dúvidas interiores transformando-os em profunda confiança de que a força energética invisível do Universo e o campo de infinitas possibilidades verdadeiramente manifestarão o seu desejo.

Prefácio

A primeira vez que ouvi falar sobre a lei da atração foi por meio do livro "O segredo", recordo o quão entusiasmada fiquei com todas aquelas informações que mais parecia que tinha entrado em uma outra dimensão. Comecei a pensar a partir daquele momento que poderia ter absolutamente tudo que quisesse.

Me senti tão poderosa e ao mesmo tempo confusa em como podia ser tão fácil. Em como eu tinha vivido até aquele dia sem essa informação? E o que era mais aterrador, como as pessoas do mundo inteiro não sabiam daquilo?

Realmente era um segredo magnífico e que fora muito bem guardado até aquele dia.

Aquilo tudo era muito maluco para mim... "Imagina criar a sua própria realidade a partir dos próprios pensamentos!"

Eu que até então pensava que minha vida era comandada por um velhinho de barba branca lá do céu! Fiquei simplesmente atordoada com aquele conhecimento, no entanto, aquela informação foi um divisor de águas na minha existência.

Logo comecei a atrair coisas, ou ao menos tentar. Naquela época tinha tantos condicionamentos e crenças limitantes que embora estivesse fascinada com todo aquele saber ainda duvidava se era de fato verdade. Ainda mais que de todos ao meu redor, que leram o livro e viram o documentário, eu era a única que de fato havia suposto que aquilo poderia se tratar de uma sabedoria profunda e estava disposta a acreditar. Os demais nem sequer ponderaram sobre o assunto!

No auge da minha empolgação lá fui eu... Passo 1: Pedir é sempre muito fácil e fazia esse passo com maestria. Passo 2: Na época nem tinha compreendido direito a parte de sentir o desejo realizado, então só pedia mesmo e ficava esperando.

Mas meus desejos nunca passavam do passo um, pois quando chegava na parte de confiar e permitir eu sempre me perdia em meio às dúvidas.

Você sabe bem do que estou falando, entregamos o desejo e em seguida vem aquela dúvida interna, aquele medo ameaçador do "...e se não der certo?", "...será que o meu desejo vai realmente se realizar?", "como o que eu quero virá?", "quando exatamente o que eu quero vai vir?", "será mesmo que devo ficar esperando por isso ou devo fazer e pensar como todo mundo?", "será que meu desejo já está sendo realizado?", "será que estou fazendo isso certo?", "será que o Universo entendeu mesmo o que eu pedi?", "eu deveria estar fazendo alguma coisa para acelerar essa criação", "será que o meu desejo já começou a ser atendido?", e por aí vai, você sabe de muitos outros pensamentos que se seguem a estes com certeza!

O fato é que todas essas questões que surgem são única e puramente falta de confiança no Universo, em outras palavras, você não está cumprindo o último passo, e até diria que este é o passo mais importante para a realização do seu desejo, pois é o que permite que ele se manifeste.

Ou melhor, se olhar por outro ângulo você está cumprindo o último passo, só que da maneira contrária ao que você quer! Ou seja, você está confiando mais no medo do que na realização.

Como o Universo nos dá aquilo que estamos pedindo e vibrando, se você está vibrando no medo de que aquilo que quer não vir, advinha! Consegue que aquilo que você mais quer de fato não venha! Pois através do seu medo e da sua dúvida criou isso!

O ponto então é: Como confiar no Universo puramente, entregar seu desejo e de fato ter a confiança de que o seu pedido será atendido?

Com o passar dos anos li muitos outros autores, testei a lei da atração por meio de diversas técnicas, desconstruí muitas crenças limitantes e percebi que com o tempo por mais medo e ansiedade que sentisse ou dúvidas que tivesse, sempre conseguia dissipá-los e voltar a confiar no Universo, manifestando a realização do meu desejo. Assim comecei a identificar as estratégias mentais que eu usava para fazer isso.

Agora vou compartilhar com você essas maneiras de voltar a confiar, por meio de algumas explicações e técnicas práticas que serão sugeridas nesta obra.

Por que confiar é tão importante

"Você é um criador extraordinário!"

A primeira coisa que você precisa saber é que confiar no Universo, ou seja lá no que você acredita que faz a lei da atração funcionar e trazer o seu pedido até você, é sim muitíssimo importante.

É importante porque logo após realizarmos um pedido precisamos nos manter em estado de não resistência para poder receber aquilo que pedimos, ou seja, se você não está confiando está resistindo, e se está resistindo, seu desejo não vai conseguir se manifestar porque você não está permitindo!

Deste modo, confiar é permitir a manifestação material daquilo que pedimos, e sem permissão não há manifestação.

Você sabe o que te impede de confiar? Pense um pouco, o que sente quando não confia?

Sim, ele mesmo, o medo! Quando você duvida e tem medo, você está resistindo à realização daquilo que você quer, mas, por outro lado, está permitindo a realização do seu medo. Perceba que de qualquer maneira você está criando a sua realidade!

Dar-se conta de que o medo é o contrário da confiança, é algo de muito valor, pois deste modo você consegue trabalhar internamente com seus pensamentos e saberá identificar o que está sentindo e consequentemente saberá o que está permitindo que seja criado em sua realidade.

Por que parece tão difícil confiar

" - E quais são os limites para o que eu posso desejar?

- O único limite é a tua própria mente, torne-a ilimitada e tudo será possível!"

Parece tão difícil confiar, realmente soltar e deixar que o Universo cuide de tudo para nós porque crescemos ouvindo que se não agirmos o tempo todo as coisas não vão acontecer!

Entretanto, você deve começar a questionar tudo isso que aprendeu desde pequeno. Afinal, estas ideias não estão funcionando bem e nem te ajudando a viver melhor.

Todas essas ideias que tem na mente foram ensinadas por alguém e se transformaram em crenças, ou seja, pensamentos arraigados em que acredita profundamente.

A primeira coisa que deve saber é: Nem

tudo o que te dizem e/ou disseram é verdade! Ou melhor é a verdade de quem acredita nessas coisas, porque como você está cansado de saber: Nós vivemos aquilo em que acreditamos, ou seja, se você mudar de crenças vai mudar de realidade e consequentemente vai mudar as suas verdades.

"Mas meus pais me ensinaram! A escola me ensinou! A sociedade inteira acredita nisso!"

Pois bem, você pode continuar acreditando em tudo isso também, se quiser continuar obtendo os mesmos resultados que todos eles obtêm, a escolha é sempre sua!

Sim, eu disse que você pode escolher no que acreditar ou não.

Embora esse assunto seja atualmente muito difundido muitas pessoas realmente ainda não sabem que são elas que escolhem os pensamentos que têm, e que podem a todo momento escolher no que querem acreditar.

Cada um dos nossos pensamentos foi aprendido com alguém e como não distinguíamos o que era bom para nós acreditarmos ou não, adotamos todos os conceitos que nos foram repassados e os tornamos nossas crenças de vida.

Porém muitos desses pensamentos em que acredita estão te impedindo de confiar na vida, justamente porque eles dizem exatamente o contrário daquilo que precisa acreditar para poder realmente deixar o seu desejo se realizar sozinho!

Desta forma, chegou o momento em que terá que escolher no que acreditar e no que abandonar. E se desfazer de suas crenças limitantes para poder usar de forma eficaz a lei da atração na sua vida.

As crenças chamadas de limitantes são aquelas que te impedem de pensar de outro modo e assim te mantém limitado, preso em velhos padrões de pensar e agir.

A partir disso você tem que investigar quais são as suas crenças limitantes, quais são aqueles pensamentos que sempre vem na sua mente quando tenta entregar e confiar no Universo.

Para descobrir quais são as suas, faça o seguinte: Após fazer o seu pedido preste atenção em que tipo de pensamentos surgem.

Quando identificar anote-os em um caderno.

Por exemplo, pode ser que logo após fazer seu pedido, durante o processo de confiar, você comece a pensar coisas como: "eu devo agir, fazer alguma coisa, esperar não é o certo" ou algo parecido com isso.

Há muitas crenças limitantes que aprendemos tais como:

"As coisas não caem do céu"

"Se você não for lá e fizer nada vai acontecer"

"Ação é a coisa mais importante"

Se identificou algumas dessas afirmações como verdadeiras, então você tem crenças limitantes e a menos que as desconstrua e troque por outras, vai ser realmente impossível confiar.

Pois se acredita que tem que agir o tempo todo para que as coisas que quer aconteçam, porque escolheu pensar que nada cai do céu, como vai conseguir ficar parado esperando que o Universo te traga o que você pediu? Você não vai conseguir esperar e nem confiar com essas crenças na cabeça!

Então, se liberte de suas crenças limitantes! Como fazer isso?

Primeiro identifique qual é a crença negativa que te limita, anote ela, em seguida comece a questioná-la.

Siga o roteiro a seguir:

Roteiro de questionamento:

Crença limitante:

Questione se isso é realmente verdade

Investigue de onde veio essa crença.

Essa crença me faz bem?

Eu quero continuar com essa crença?

Busque evidências ou acontecimentos que provem o contrário da sua crença limitante:

Qual é a nova crença que eu escolho ter?

Como eu me sinto com esta nova crença?

Crie uma afirmação motivadora

Por exemplo:

Crença limitante: "As coisas não caem do céu".

Questionamento: Isso é realmente verdade? Será mesmo que não consegui muitas coisas que a vida me deu "do nada"?

De onde veio essa crença: Eu sempre ouvi isso dos meus pais, na escola, na televisão e em muitos lugares.

Essa crença me faz bem? Na verdade eu sinto que a vida é pouco abundante quando penso desta maneira e pensar deste modo me faz sentir mal.

Eu quero continuar com essa crença? Não, eu quero ter uma crença que me faça sentir melhor.

Evidências ou acontecimentos que provam o contrário: Lembre de quantas coisas você já ganhou absolutamente de graça, um presente, um almoço, uma roupa, um livro, uma informação, um ingresso, uma flor, algum dinheiro, você, com certeza, já ganhou alguma coisa em toda a sua vida sem que você tivesse feito nada para recebê-la, então sim! As coisas "caem do céu muitas vezes".

<u>Nova crença:</u> As coisas caem do céu!

<u>Como eu me sinto com esta nova crença?</u> Eu me sinto melhor, sinto que é seguro confiar na vida, pois ela já me deu muitas coisas e pode continuar dando.

<u>Afirmação motivadora:</u> "O Universo pode me surpreender me dando o que eu quero se eu ficar relaxado e confiante".

Um ponto importante para ser ressaltado é que talvez a crença limitante que esteja te impedindo de confiar não esteja relacionada com a confiança em si, mas com aquilo que está pedindo, por exemplo, pediu riquezas, entretanto acredita que é muito difícil ser rico de verdade.

Deste modo, enquanto não confrontar esta

crença específica não vai conseguir manifestar o seu desejo, porque não acredita que isso possa ser realizado.

Você compreende o quão importante é investigar as suas crenças, pois muitas vezes são elas os únicos obstáculos entre você e a sua manifestação material.

Lembre-se sempre: "O nosso único limite para conseguirmos o que queremos é a nossa própria mente, não há nenhum outro limite a não ser aqueles que nós mesmos nos impusemos!"

Ação Inspirada

"Quando confiar de verdade, saberá o que fazer,
como fazer e quando fazer. E estará sempre pronto."

Em resumo o seu trabalho na criação do seu desejo é identificar aquilo que quer, sentir-se como se já o tivesse para que assim emita a vibração do pedido, por fim entregar e confiar na sua realização.

Contudo você ainda questiona, "só isso? E quando eu vou agir de fato?"

Em primeiro lugar saiba que quando você focaliza o seu desejo e sente ele como se já estivesse realizado já está agindo! Então você está fazendo alguma coisa sim! Este é o seu trabalho, a sua ação, que é realizar essa jornada emocional do sentimento de querer para aquele sentimento de já possuir e desfrutar daquilo que quer vibracionalmente.

A ação só vai entrar neste processo novamente quando ela é inspirada, Jerry e

Esther Hicks falam e ensinam isso.

Uma ação inspirada é aquela que vai surgir espontaneamente porque o Universo te levou até ela. Por exemplo, você fez seu pedido, treinou a vibração de ter aquilo que quer e está lá relaxado confiando que tudo está se desdobrando perfeitamente. De repente você recebe uma ligação para aquela entrevista de emprego que pediu, é aí que entra a sua ação novamente, a qual é ir até lá e participar da entrevista de emprego. Ou seja, o Universo inspirou, requisitou esta ação, por isso ela é uma ação inspirada.

Portanto, agora que sabe desta informação, por enquanto só relaxe, tente confiar um pouco e espere até que o Universo guie e inspire a sua próxima ação.

Você pode escolher o que sente

"Cada mente que se expande dá a permissão para que outras mentes se expandam também."

Você agora já sabe que medo é resistência àquilo que mais deseja e que a confiança é a permissão do seu desejo. Posto isso, o primeiro passo no processo de confiar no Universo é escolher o que quer sentir.

Sim, eu disse escolher, porque você precisa ter claro dentro de si mesmo que pode escolher o que quer sentir todas as vezes!

Então quando estiver sentindo muito medo e tiver todas as dúvidas sobre a realização do que quer, você deve parar, olhar para dentro de si mesmo e dizer: "Eu escolho aquilo que sinto! Agora estou vibrando medo, mas o que quero sentir? Medo ou confiança?"

Se questione! E em seguida se posicione,

e o mais importante, se comprometa a buscar o sentimento de confiança sempre.

Então faça a sua nova escolha internamente. Junto a escolha relembre quais são os motivos pelos quais está escolhendo isso.

Por exemplo: "Eu agora escolho sentir confiança, porque se eu sentir-me confiante estarei permitindo que aquilo que quero se manifeste, mas se continuar vibrando no medo resistirei ao que quero e atrairei o que temo. Então eu declaro que escolho seguir o caminho da confiança porque ela me faz sentir bem e cria a realidade que quero vivenciar. Essa vibração é fantástica e muito poderosa!"

E por aí vai, você pode continuar usando muitas outras justificativas para tornar o mais claro possível para si mesmo que confiar é o melhor caminho, pois é a única forma de criar o que quer!

E sim! Você vai se encontrar muitas outras vezes sentindo medo novamente. Em todos estes momentos faça este mesmo processo, pois com a prática constante cada vez ficará mais fácil confiar e a escolha pela confiança será mais óbvia para o seu sistema interno. Com o passar do tempo vai perceber que está confiando muito mais do que tendo medo.

Por que este processo é importante?

Esse processo é importante porque você está aprendendo a fazer uma escolha diferente daquela que sempre fez e assim se reorientando internamente.

E não pense que já nasceu sentindo medo! Você aprendeu a sentir medo. A sociedade nos ensinou a sentir medo constantemente. Observe os noticiários e a sua maneira de nos deixar amedrontados diante da vida. E por falar nisso, pare de assistir noticiários! Por quê? Porque quanto menos vibrar na frequência do medo, mais vai vibrar na frequência da confiança e assim mais vai permitir que coisas maravilhosas cheguem até você. Porque você cria na sua realidade aquilo que vibra!

Ok! Mas por que a sociedade me ensinou a sentir medo?

Porque pessoas com medo são pessoas manipuláveis, porque quando sentimos medo nos sentimos sem poder e nossa energia está dissipada, e com pouca energia não conseguimos criar a vida que queremos. Desta maneira seguimos como manadas vivendo como alguém decidiu que deveríamos viver.

Então da próxima vez que sentir muito medo, lembre-se: é você quem escolhe o que sente!

E aí ? Vai querer continuar sentindo medo ou vai escolher sentir confiança dessa vez?

Lembre-se do seu comprometimento com a confiança.

Como saber se estou sentindo confiança

"Quando confiamos esperamos somente o melhor."

Identificar quando você finalmente está conseguindo sentir confiança na realização do seu desejo é fundamental no processo de criação, pois assim saberá quando está permitindo e fluindo com a vida para a manifestação material do seu pedido.

Quando de fato estiver confiando, vai se sentir calmo e sereno internamente quando pensar no seu pedido, os pensamentos que surgirão na sua mente serão de positividade e otimismo com relação ao trabalho que o Universo está realizando.

Você vai se sentir leve e feliz internamente, com aquela sensação de que tudo vai se resolver da melhor maneira e de que pode enfim descansar e relaxar no momento presente pois não há mais nada para você fazer a não ser relaxar e esperar.

Quando você estiver de fato confiando, não vai sentir desconforto ao pensar no que pediu, ao contrário, vai se sentir confortável e não surgirão sentimentos de medo ou dúvida dentro de você. Afinal, sentir a confiança é de certo modo sentir a ausência do medo, é o sentimento de ausência total de qualquer preocupação ou agitação interna.

Sentir confiança é tão diferente de sentir medo que vai ser realmente muito fácil para você identificar esse sentimento.

Comece percebendo agora! O que exatamente você está sentindo quando pensa no seu desejo? Sente-se preocupado se ele vai ser atendido ou sente que tudo está se desdobrando perfeitamente para a realização plena do que pediu?

Se estiver sentindo qualquer forma de preocupação realize o processo do capítulo anterior de escolher a confiança novamente.

Controle a sua mente ou então ela vai controlar você!

Declare em voz alta:

"Eu comando meus pensamentos, eu deixo agora todo o meu medo ir embora, eu decido confiar no fluxo perfeito da vida, eu decido confiar nas energias perfeitas do Universo, eu decido confiar na realização perfeita e maravilhosa do meu desejo, e eu amo sentir que tudo está se desenrolando de maneira fantástica e incrivelmente harmoniosa, então eu já sinto alegria e gratidão por esta manifestação".

Retome o seu poder

"Há magia por toda a parte,

o único motivo de não vê-la

é porque desacreditou que ela existia.

Mas procure-a e a reencontrará!"

Lembra de como você era fascinado pelos contos de fadas e todos aqueles filmes de magia que assistia quando era criança?

Consegue se recordar daquele sentimento que aquelas histórias de magia nos davam? Um sentimento de poder ser, ter e fazer tudo o que quiséssemos! E era um sentimento maravilhoso, empoderador pois nos permitia sentir que podíamos criar tudo aquilo que desejássemos na hora em que desejássemos com aquilo que dispunha no momento! Isso era realmente encantador.

Então algo dentro de você sentia profundo reconhecimento de que toda a vida era um campo mágico e que viver era realmente algo divertido e fantástico!

Mas de repente aos poucos as pessoas te disseram que tudo aquilo não era real, era apenas fantasia e que somete Deus, e os personagens dos contos e filmes tinham poder de fazer magia, de criar as coisas! E então você abandonou o teu saber interno e acreditou nisso...

Desde tenra idade ouvimos que não temos poder nenhum, que todas as coisas acontecem como acontecem e de que nós somos meras marionetes no jogo da vida.

Assim passamos a acreditar nisso e nos convencemos de que nossa energia não tem valor nenhum, o que não é verdade.

Para conseguir realmente se entregar e confiar no Universo você vai precisar se relembrar de que tem poder sim! E de que a sua energia é tão poderosa que pode criar coisas. Pois se você não acreditar em si mesmo não vai confiar que tudo está sendo providenciado energeticamente com o poder da tua vibração.

Deste modo, você precisa retomar o seu poder e se tornar consciente dele.

Afirme e declare isso em voz alta para si mesmo até sentir que é verdade novamente:

"Eu tenho poder, minha energia cria a minha realidade, os meus pensamentos são infinitamente poderosos, eu manifesto os eventos, os encontros, os bens materiais que me cercam, e eu sempre estou escolhendo e criando novos acontecimentos e circunstâncias para o meu mais alto bem, o meu poder é tão real quanto o meu próprio corpo,
eu uso e desfruto do meu poder pessoal para ser, ter e fazer tudo o que eu quero".

Pare de focar no "como" as coisas vão acontecer

"Quanto mais você expande a sua consciência, menos limites enxerga."

Temos o hábito de racionalizar exatamente tudo, pois é assim que a nossa mente prática trabalha para resolver as situações cotidianas. Decidimos o que e como faremos para obter determinados resultados, o que funciona muito bem na resolução das situações do dia a dia.

Entretanto, quando se trata de criar a sua realidade por meio da lei da atração as coisas não funcionam deste modo, pois que a parte de decidir o "como" as coisas vão acontecer é o trabalho do Universo e não o seu trabalho.

Cada vez que você fica focado no "como" que o seu desejo vai se realizar, enfraquece a vibração que está emitindo, porque fica preocupado por não conseguir ver uma saída, uma maneira, uma forma de isso acontecer. Então você se sente deprimido e sem esperança, pois vê tudo de maneira muito limitada, afinal está olhando com os olhos da mente.

E deste modo conseguimos ver somente uma ou duas formas de aquilo que pedimos ocorrer. Mas o seu subconsciente juntamente com o Universo conseguem ampliar e ver muitas outras possibilidades de tornar o seu desejo real, porque acessam o campo de infinitas possibilidades que te cerca, no qual há inúmeras maneiras do que quer acontecer.

Já ouviu falar de física quântica? Se não, sugiro que assista ao documentário "Quem somos nós" que trata de explicar esta teoria e de como a nossa realidade é criada no campo quântico, é um vídeo realmente enriquecedor e vai com certeza expandir a sua mente e a sua maneira de enxergar o mundo!

Através dessa teoria os cientistas descobriram que todas as possibilidades de uma coisa acontecer estão disponíveis ao mesmo tempo. A que vai se manifestar é aquela que você observar, ou seja, a que estiver mais alinhada com a sua energia.

Isso significa que aquilo que pediu tem uma infinidade de caminhos possíveis para chegar até você!

Deste modo, ficar focado no "como" as coisas vão acontecer te limita, drena a sua energia e faz você ter medo e duvidar da manifestação do seu desejo. Por outro lado, focar no campo de todas as possibilidades e lembrar o quão vasto e infinito ele é, te faz confiar e sentir que aquilo que pediu realmente é possível e se realizará de uma maneira ou de outra. Então você fica entusiasmado e na expectativa positiva para ver como isso será surpreendentemente trazido até suas mãos.

Consegue compreender a sutileza que tem essa mudança de olhar para o seu desejo? De um lado há a limitação de não ver uma saída e de outro há infinitas potencialidades para tudo acontecer!

Então da próxima vez que perceber que está pensando em "como será" que aquilo que quer vai acontecer, mude imediatamente o seu foco para o campo infinito de todas as possibilidades do que quer acontecer! Esteja receptivo e verdadeiramente aberto para que o seu pedido chegue até você por qualquer caminho, e ele virá, e será por aquele onde houver menor resistência.

Ou ainda, quando perceber que seu pensamento se voltou para o "como o que quero vai acontecer" redirecione ele para "como eu me sentiria tendo o que quero agora", então se pergunte isso, e se imagine tendo agora o que quer e sinta o sentimento que a realização do seu desejo te traz. Fique nesse espaço de prazer o máximo que conseguir. Desfrute dessa sensação maravilhosa de realização. Esse é um excelente lugar vibracional para estar!

Confie um dia
de cada vez

"Não importa a situação em que se encontre,
se confiar na vida, coisas maravilhosas acontecerão."

Às vezes quando você pensa em entregar todo o controle ao Universo e confiar definitivamente, pode ser que sinta uma profunda angústia ou um medo avassalador, pois não consegue ainda compreender e sentir que é seguro confiar na providência divina universal.

Talvez neste momento realmente não possa entregar-se completamente, então entregue aos poucos.

Decida confiar e entregar todo o controle pela próxima hora, e durante esta hora siga com seus afazeres normais. Ao perceber que tudo está bem decida entregar e confiar pelas próximas duas horas, depois decida confiar por metade do seu dia, depois confie durante a outra metade do seu dia.

No dia seguinte decida confiar por um dia inteiro no Universo, e simplesmente relaxar dentro da espera confiante e da expectativa positiva de que tudo está indo bem e sendo providenciado para a manifestação do seu desejo.

Na vida há muitos processos internos que fazemos, e aprender a confiar também pode ter as suas etapas, que não podem ser ultrapassadas se forem puladas. Então respeite os seus processos e se dê compreensão, se dê tempo para assimilar e praticar as suas novas escolhas.

Mas esteja comprometido a sempre se superar e alcançar um pouco mais do que no dia anterior. Assim estipule metas que se sinta confortável para cumprir. Se só consegue confiar um dia por vez, confie um dia de cada vez!

Afinal a vida é vivida momento a momento, e você escolhe o que fazer com cada um deles no seu decorrer.

Que tal escolher confiar neste momento?

Aceite o que é

"A forma mais eficaz e rápida
de modificar uma situação é aceitando ela."

Aceite o seu momento presente, as situações que está vivendo neste exato instante, pois você não pode mudar o que é agora.

Aquilo que quer que seja futuramente você pode criar, porém o que é neste segundo não. Afinal, o momento presente é aquilo que você criou no passado, ou seja, não há nada mais para fazer a não ser aceitar o que é!

Entretanto muitas pessoas lutam, brigam, reclamam, xingam, odeiam, e se debatem com aquilo que estão vivendo no momento, porque a realidade atual as deixa deprimidas e desgostosas. Mas se esquecem que foram elas mesmas que criaram tais circunstâncias, e se continuarem detestando ou não aceitando de qualquer outra forma o momento atual, adivinha o que farão?

Exato! Criarão mais disso, e conseguirão

permanecer naquela realidade por muito mais tempo do que passariam se tivessem aceitado.

Isso se deve por três razões: Primeira por estarem dando muita atenção e energia para aquilo que detestam.

Segunda, porque para o Universo não existe o "não", ou seja, tudo que você diz não querer você está escolhendo, pois seguido do não está aquilo que não quer e é para isso que está dando foco, por exemplo, você diz "não quero mais ser infeliz dessa maneira", o que realmente está dizendo é "quero mais ser infeliz dessa maneira", pois seu cérebro vai imaginar aquilo que foi dito, e sua energia vai para isso e criará mais disso em sua realidade.

E terceiro, porque quando você luta e briga com o momento atual está em uma baixa vibração de angústia, ansiedade e medo, e assim congela, estagna as mudanças, impedindo que as coisas fluam naturalmente para te retirar daquele espaço de desconforto.

Deepak Chopra em seu livro "As sete leis espirituais do sucesso", uma obra formidável que vale muito a pena ser lida, diz que quando não aceitamos o momento presente estamos lutando contra todo o Universo, pois tudo se moveu e se alinhou para criar aquela realidade. Então imagina que maluquice despender toda a nossa energia em uma luta que certamente perderemos!

É muito mais fácil e eficaz fluir com todo o Universo do que lutar com ele, pois na fluidez tudo melhora, se realoca com perfeição e realização, já no confronto tudo se confunde e piora.

Entretanto muitas vezes a sua ansiedade é tão grande em vivenciar a realidade que pediu que quando olha para o seu momento presente e ele não é o que quer, você acaba gerando mais ansiedade ainda e recomeça a luta interna.

Dessa forma, recomendo que pare, olhe para o agora e reflita que você o criou, embora esteja hoje criando outras circunstâncias. Então declare para si mesmo: "Eu entendo e aceito tudo o que é, eu aceito meu momento presente pois fui eu quem o criou e atraiu, assim sendo eu vivo da melhor forma possível este instante".

Há um livro maravilhoso do Eckhart Tolle

chamado "O poder do agora" que pode te ajudar profundamente a aceitar o momento presente, ele é tão fascinante que quando li me senti tão confortável no agora que toda a minha ansiedade ou medo se dissiparam. É realmente uma leitura transformadora.

Quando você aceita o que é, você se coloca em um estado interno de confiança na vida e nos processos do Universo. Desta forma, aprender a aceitar o que é, é aprender a confiar no que será. Pois aceitação e confiança estão intimamente ligadas.

A aceitação tem inerente a si um poder transmutador, quando você aceitar verdadeiramente as coisas como elas são, perceberá que a sua realidade vai se transformar e mudar quase que imediatamente. É fascinante e mágico ver a atuação da aceitação.

Experimente e se surpreenda!

Relaxe

"Quando você confia que tudo vai dar certo

não há outra forma de as coisas acontecerem a não
ser dando certo."

Sabe quando te dizem: Relaxe!

Sim você deve fazer literalmente e exatamente isso.

Ás vezes você está tão tenso que não vai conseguir fazer nenhuma outra coisa, como modificar pensamentos ou confrontá-los, então nesses momentos o melhor a fazer é relaxar.

Comece respirando profundamente umas dez vezes e vá soltando todo o seu corpo. Faça quantas respirações profundas forem necessárias para sentir que realmente distensionou a sua mente e todo o seu corpo.

Existem muitas técnicas de relaxamento na internet, no youtube inclusive há vários vídeos e músicas relaxantes. Pesquise um tipo de relaxamento que mais te agradar e que realmente funcione para você e pratique-o uma vez ao dia, ou pelo menos quando sentir que não consegue lidar com o seu medo e dúvida racionalmente naquele momento. Relaxar sempre vai ser uma excelente decisão.

Avalie o nível do seu medo e de suas dúvidas, caso esteja muito tenso opte por relaxar. Contudo pode sempre realizar um relaxamento antes de fazer as outras práticas sugeridas neste livro, pois assim estará mais receptivo e elas serão mais eficazes e fáceis de serem aplicadas.

Relaxar é muito importante porque quando você faz isso está soltando toda a resistência, e ao soltar a resistência está aumentando automaticamente a permissão. Sempre que está em um estado que permite, a manifestação do seu desejo se aproxima mais de você.

Uma outra maneira de ajudar a sua mente a relaxar em momentos de muita tensão é acalmar-se como faria com outra pessoa em um estado semelhante. Acalente-se dizendo para si mesmo: "Tudo está bem, eu estou indo muito bem, estou no caminho certo, tudo vai dar certo, tudo está bem neste momento, eu vou ficar bem..."

Pode não parecer mas quando você diz para si mesmo que tudo está bem, uma paz e um sossego profundo emergem dentro de você e imediatamente se sente calmo, porque afinal, se tudo está bem não há com o que se preocupar! Teste esta técnica, você vai se surpreender em como ela é eficaz.

Não se deixe ficar muito tempo tenso, ansioso e preocupado, porque quando você está neste estado toda a sua energia fica congelada, estagnada, em outras palavras você está travando toda a sua criação, e nada conseguirá se resolver, ou seja, sentir-se assim só piora as coisas. Porém quando relaxa, tudo flui com perfeição e é solucionado com rapidez.

Portanto, quando sentir ansiedade e medo, relaxe!

Relaxe e deixe a vida fluir naturalmente e tudo irá se resolver da melhor maneira possível!

Relaxar é confiar, e confiar é permitir. Permita que os seus sonhos se realizem!

Medite

" Tudo o que você precisa está dentro de si mesmo.

Pare de procurar fora."

Você já deve ter ouvido falar, com certeza, sobre a meditação.

Pois então, sim vou te dizer para meditar.

Mas o que confiar tem a ver com meditar?

Quando você medita, entra em um estado completo de permissão, e como já te expliquei, quando você confia, permite que aquilo que quer aconteça e vice-versa.

Através da meditação é muito mais fácil confiar pois você não dará atenção a todos aqueles pensamentos negativos que te amedrontam e te deixam ansioso.

Basicamente a meditação é uma prática que consiste em esvaziar a mente dos pensamentos, então você senta em um lugar confortável e foca somente na sua respiração, mesmo quando sua mente volta a dar atenção a algum pensamento que surja você retorna a prestar atenção somente na sua respiração novamente.

Com o passar do tempo e com a prática você vai conseguir de fato não ter todos aqueles pensamentos passeando pela sua cabeça o tempo todo e finalmente vai sentir que esvaziou a mente.

Neste estado se sentirá leve e em paz. E sentir confiança é sentir-se em paz.

Existem muitos tipos de práticas de meditação, recomendo que pesquise sobre ela e encontre a que melhor se adaptar ao seu caso e a sua vida.

Os benefícios da meditação são reconhecidos cientificamente e vão desde benefícios a nível psicológico até os de nível físico.

Entre as muitas técnicas da lei da atração, há muitas que incluem a meditação no processo, sendo feita antes de fazer o pedido, pois assim com a mente mais calma e serena a vibração do pedido é emitida de forma mais pura e poderosa.

Meditar proporciona uma conexão interna com o todo, e quando estamos conectados com a energia que cria mundos e conosco mesmos, somos infinitamente mais poderosos. A nossa vibração fica muito mais forte e assim atraímos, criamos a nossa realidade com muito mais rapidez.

Pode se dizer que meditar é entrar em um estado de silêncio interno, e o silêncio é maravilhoso para que você possa se conectar com a sua intuição, com o seu saber interior.

Certa vez li em algum lugar que agora não recordo onde, que quando fazemos uma prece falamos com o poder Universal, Deus, Guias, Anjos, ou seja lá o que você acredite. Mas quando meditamos e silenciamos é este poder quem fala conosco.

Desta forma, silenciar é importante para podermos nos sintonizar com o poder criador divino e ouvir a resposta para as nossas perguntas. Buscar por este sentimento de conexão interna com o poder que realizará o teu desejo te ajudará muito a sentir mais confiança e fé.

Então se conecte com este campo energético, peça orientação, faça as suas perguntas, em seguida silencie e esteja atento para ouvir as suas respostas.

E é realmente mágico, as respostas sempre vêm, às vezes não vêm na hora em que perguntamos, podem vir um tempo depois, mas elas sempre são dadas a nós se soubermos e estivermos dispostos a ouvir. Podem vir por meio de um saber interno, de uma solução que simplesmente surge em sua mente, de um texto que lê, de uma mensagem de um amigo, de uma placa, as maneiras são muitas.

Mas precisamos dar espaço para que elas cheguem, dar silêncio para que sejam ouvidas e sejam reconhecidas. E meditar é um excelente modo de fazer isso!

Escolha afirmações positivas

"Não importa o que você quer,

se está criando energeticamente, já é seu."

É completamente possível e compreensível que você não tenha conseguido relaxar ou meditar e esvaziar a sua mente, e sim, está tudo bem! No entanto, quando a mente não é silenciada é melhor então ocupá-la com pensamentos benéficos e positivos!

Mas se conseguiu relaxar e meditar, ainda assim será de grande importância e eficácia utilizar as afirmações também.

Afirmações são frases que você pode dizer para criar um estado interno, se elas te fizerem se sentir bem são afirmações positivas, mas se te fizerem se sentir mal são afirmações negativas.

Infelizmente temos muitas afirmações negativas impregnadas em nossa mente. Para saber quais são as afirmações negativas inculcadas na sua cabeça, preste atenção àquelas frases que costuma dizer a si mesmo mentalmente e que te fazem sentir-se péssimo.

Depois de identificá-las, transforme-as em afirmações positivas e salutares.

Para transformar uma afirmação negativa em positiva basta dizer o contrário daquilo que ela afirmava. Por exemplo: "Eu sou um incompetente, não faço nada direito" se transforma em "Eu sou competente, faço tudo direito", "Vai dar tudo errado, prevejo desgraças" se transforma em "Vai dar tudo certo, prevejo bons acontecimentos". Além de ser fácil, seus resultados são fantásticos, desde já sentir-se melhor até a elevação de sua vibração e consequente modificação de realidade.

Escolha ou crie algumas afirmações positivas que realmente te façam se sentir bem, para que quando estiver em um estado negativo vibrando no medo e na dúvida, possa afirmá-las para retomar a positividade e elevar a sua vibração, consequentemente voltando a sentir confiança novamente.

Eis aqui algumas sugestões de afirmações positivas de confiança:

"Eu sou sempre apoiado e guiado."
"O Universo me ampara todo o tempo."
"É seguro confiar em mim. É seguro confiar no Universo, ele já me auxiliou muitas vezes e vai continuar auxiliando."
"Tudo está dando certo e se desdobrando de maneira perfeita e maravilhosa."
"Tudo está bem em meu mundo, eu estou bem, meu caminho se desenrola com perfeição e rapidez."
"Eu confio que tudo sempre acontece da melhor forma, pelo melhor caminho e no tempo certo."
"Quando olho para o futuro sinto paz, pois sei que somente o melhor me acontece."

Entretanto, você pode criar as suas próprias afirmações. Aquelas construídas por você podem ser sentidas como mais verdadeiras e assim talvez sejam mais eficazes, por evocarem mais facilmente os seus sentimentos positivos.

Diário de Sincronicidades

"Tudo que chega até você tem um propósito.

Desvende-o!"

Sincronicidade é um conceito que foi criado por Carl Gustav Jung, para definir acontecimentos que se relacionam não por relação causal e sim por uma relação de significado, em outras palavras, são eventos que acontecem com você que estão interligados com outros eventos que tem muito significado.

Como por exemplo, você fala sobre borboleta lilás e em seguida passeando pela rua realmente encontra uma borboleta lilás, ou vê uma borboleta lilás em alguma coisa, estampada em uma parede, em um objeto, ou no formato de um pregador, enfim, você compreendeu a interligação dos eventos?

A sincronicidade acontece quando muitos

eventos relacionados ao mesmo assunto acontecem e você identifica a relação que há entre eles.

Por isso que os místicos e sábios dizem que nada acontece por acaso, que toda pessoa que surge tem uma mensagem para nós, que tudo que acontece tem uma razão, um propósito, uma resposta, uma orientação, está ali por um motivo específico, pois está interligado a outras partes da nossa vida.

Deste modo, uma das formas de você observar o Universo trabalhando e agindo por meio da lei da atração, de acordo com os seus pensamentos é através das sincronicidades que acontecem em sua existência.

Comece a prestar atenção a tudo que surge no seu dia a dia relacionado com aquilo que pediu.

Por exemplo, certa vez pedi ao Universo mais prosperidade, então comecei a observar que surgiram textos, vídeos e mais links nas páginas do facebook sobre como ser mais próspero, tema este que nas semanas anteriores não constavam.

Um tempo depois uma tia me falou de um benefício que eu poderia ter direito a receber do governo. Fui verificar e realmente tinha a receber aquele dinheiro e assim recebi um dinheiro inesperado, o que de certo modo me tornou mais próspera naquele momento.

Consegue ver a inter-relação entre todos esses eventos?

Fiz o pedido e foquei na prosperidade - surgiram textos sobre a prosperidade - surgiram vídeos sobre a prosperidade - alguém me falou de um benefício a receber, sobre o qual nunca havia me dito nada antes em nenhum outro momento - fui até o banco e realmente recebi uma quantia de dinheiro que era meu direito - me tornei mais próspera.

Será que foi coincidência?

Eu escolho acreditar que não! Se você escolher acreditar que foi mera coincidência vai ser difícil para reconhecer os sinais que o Universo te dá de que o seu desejo está cada vez mais próximo de ser realizado.

As sincronicidades acontecem com muita

frequência quando estamos verdadeiramente alinhados com um assunto, ou seja, se você quiser saber se está realmente atraindo o que pediu observe se estão acontecendo sincronicidades relacionadas a ele em sua vida!

Assim, ao perceber as sincronicidades acontecendo, a sua confiança interna vai aumentar. Deste modo, crie o seu próprio diário de sincronicidades.

Pegue um caderno e o destine exclusivamente para esta finalidade: anotar todas as sincronicidades que acontecem com você o tempo todo. Quando começar a prestar atenção nisso observará e ficará   espantado e surpreendido   em como   acontecem sincronicidades conosco, o tempo todo!

Anote neste diário: o dia, a data e a hora dos eventos, e anote absolutamente tudo que for sincrônico, por exemplo, se você falou sobre determinado assunto um dia antes e se este mesmo assunto apareceu para você depois de alguma forma, anote!

Não importa o que, nem de que forma, nem quando foi, se pode ser considerado uma sincronicidade, tome nota! E escreva de maneira muito clara, para que você entenda perfeitamente a relação entre os eventos ocorridos quando reler.

Este diário das sincronicidades é maravilhoso, pois quando sentir que começa a duvidar de que as forças cósmicas realizarão o seu desejo, pegue-o e leia, relembre e reflita sobre todas as vezes em que ele trouxe até você tudo aquilo que pediu, ou ao que deu atenção.

Através deste diário você vai perceber que muitas vezes só falamos sobre algumas coisas por poucos minutos sem darmos muita importância, e no dia seguinte este mesmo tema surge em nossas vidas!

E então você vai dizer, "mas eu nem foquei com muita energia, como o Universo manifestou isso tão rápido e facilmente na minha vida?"

A resposta é simples, por ser um assunto que não te causava preocupação você não resistiu de nenhum modo á sua realização, então facilmente foi manifestado.

Isso faz perceber e entender que é realmente e absolutamente muito fácil manifestar aquilo que queremos. Porém muitas vezes a única coisa que está nos impedindo de ser, ter ou fazer o que queremos, somos nós mesmos com todos aqueles velhos condicionamentos e crenças que dizem que é difícil, quando na verdade é fácil, sem esforço e rápido.

Por isso muitos dos sábios dizem constantemente que para nos tornarmos mais livres, temos que aprender a desaprender o que nos foi ensinado.

Entretanto é importante ressaltar que muitas vezes fiz pedidos, e nenhuma sincronicidade sobre eles apareceu, não percebi nenhum sinal sobre a sua realização, no entanto, de repente sua realização simplesmente surgiu! Não sei se fui eu quem não prestou atenção nessas ocasiões aos sinais, ou se estes de fato não existiram, mas uma coisa é certa, meu desejos foram realizados.

Portanto, use o diário de sincronicidades para se tornar mais confiante sim, investigue e esteja atento ás sincronias sobre seu desejo.

Porém se não as encontrar fique tranquilo, isso pode apenas significar que seu pedido se manifestará tão rápido a ponto de não precisar enviar sinais!

Uma outra forma divertida de ver as sincronicidades acontecendo é testando o Universo. Peça por coisas, sinais simples que não te causem nenhum tipo de ansiedade e então observe o que acontece e registre em seu diário de sincronicidades.

Há um livro inspirador e realmente fascinante escrito por Pam Grout que se chama "Energia ao quadrado", nele a autora te guia a fazer nove experiências para provar para si mesmo que seus pensamentos criam sua própria realidade. É simplesmente genial e prático. Esta leitura vai com certeza te deixar muito mais confiante e inspirado, portanto se tiver a oportunidade, sugiro que leia e faça os experimentos sugeridos nele.

Por último, quero que preste atenção e reflita se este livro que está lendo agora, não veio até você em resposta aos seus pedidos ou àquilo que estava buscando saber, porque de uma coisa tenho absoluta certeza, não é por acaso que este livro chegou até você!

Certa vez assisti a um vídeo no youtube do Bashar sobre a Lei da atração, então recordo que quando questionado sobre qual era a melhor técnica a ser utilizada para realizarmos os nossos desejos com a lei da atração, ele respondeu que todas as técnicas e ferramentas são igualmente boas e eficazes, no entanto, aquela que vai funcionar melhor para nós é a que surgiu na nossa vida naquele momento.

Então, use o que tem nas mãos e confie, pois a sincronicidade trouxe até você o meio mais eficaz e valioso para realizar os seus sonhos nesse momento!

Crie novas crenças

" - E se eu não conseguir?

- Mas e se você conseguir?

Já pensou que fantástico será!"

Uma estratégia muito eficaz para criar o sentimento de confiança é escolher deliberadamente novos pensamentos para acreditar.

Encontre uma nova maneira de pensar a cerca da situação, algo que faça muito sentido para você, e escolha acreditar nessa nova ideia, fazer dela sua nova crença acerca da vida.

Sempre que vierem a tua mente pensamentos de medo, dúvida ou mesmo ansiedade busque por justificativas mentais que os invalidem.

Por exemplo, certa vez em que estava atraindo um emprego, o medo e a dúvida começaram a tomar conta de minha mente, então criei a seguinte justificativa mental, que de fato é uma premissa absolutamente verdadeira:

"Eu estou criando algo a partir da minha própria energia, então não há como não ser meu, a menos que eu não permita que seja. Eu estou criando algo específico para mim o que quer dizer que somente servirá para mim! E eu não estou competindo e nem tirando nada de ninguém, cada um está criando na sua realidade. Não estou dependendo das circunstâncias do momento em que o mundo está passando, estou dependendo somente e exclusivamente da minha conexão vibratória com o sentimento deste desejo realizado, de fato o que estou pedindo será meu de qualquer maneira, porque eu estou criando isso e então já é meu por direito!"

Essa é uma justificativa mental e uma nova crença que sempre funciona muito bem para mim quando a utilizo, talvez possa te ajudar também. Se funcionar com você, use-a!

Porém crie uma específica para si mesmo, que te convença de que o objeto do seu desejo já é seu por direito! Esse processo, com certeza, aumentará muito a sua confiança.

Argumentar com sua mente todas as vezes

em vez de sucumbir ao medo é válido e de extrema importância porque sempre que mudamos de percepção, mudamos a realidade a ser manifestada, ou seja, quando você muda a forma como está enxergando e vivenciando vibracionalmente algo, muda também toda a realidade que está alinhada com você! E isso acontece imediatamente, no exato instante em que modifica um, o outro também é modificado.

Deste modo, mudar de percepção significa literalmente mudar de realidade. Por exemplo, quando sente medo se alinha com você uma realidade onde há uma sucessão de eventos em que seu desejo não será realizado. No entanto, quando retorna a sentir confiança na realização daquilo que quer, outra realidade onde uma sucessão de acontecimentos que trarão seu desejo às suas mãos é alinhada com você!

Saber disso é maravilhoso, porque não importa quantas vezes já tenha estado alinhado com coisas ou sentimentos que não queria antes. Afinal, assim que modificou a sua percepção e o seu sentimento, modificou tudo que acontecerá. Ou seja, o que realmente importa é para o que está olhando agora!

Faça o que for necessário para permanecer na percepção da realização! Crie as suas novas crenças e as pratique.

Outra forma de percepção da realidade que funciona bem para retornar a confiar é a de que o caminho te encontrará, pense sobre isso, e acredite que se você não achar o caminho, ele o encontrará de qualquer maneira. Esta forma de perceber o momento te permite relaxar e confiar. Experimente!

Por fim, uma das crenças mais importantes a ser criada dentro de você acredito que seja a da cooperação. Pare de acreditar que estamos aqui para competir com os demais.

Penso que essa forma de pensar que nos foi ensinada é a mais negativa e danosa de todas, pois na competição alguém sempre perde, enquanto que na cooperação todos ganham, o que a torna fabulosa.

Quando você vibra no sentimento de competição está acreditando na escassez, mas lembre-se de que a vida é abundante.

Sem falar que o princípio da competição é completamente contrário ao da lei da atração, então não há como você acreditar em um acreditando no outro!

A sua contradição se dá no fato de que de acordo com a lei da atração cada um está criando a sua própria realidade, deste modo, cada um obtém aquilo que cria com a sua energia, então por que estaríamos competindo?

Isso é tão irracional quanto pensar que eu quero me apoderar do que outra pessoa está criando para si vibracionalmente, não concorda? Por que eu faria isso se eu posso criar aquilo que quero na minha própria realidade também? E mesmo que quisesse para mim o que outro criou, jamais obteria pois isso é impossível, cada um atrai somente aquilo que criou.

Você consegue compreender o quão absurda é a ideia da competição! Acreditar na competição é pensar que várias pessoas estão tentando obter um recurso criado por uma única pessoa.

Então espero que se lembre disso quando disser: "fulano tirou minha oportunidade", "siclano está com algo que era para ser meu."

Ninguém tirou nada de você e nem nunca tirará. Se não veio para as suas mãos algo que você pensou ser para você, é porque de fato não era seu, não foi você quem atraiu aquilo, embora às vezes pareça que sim, pois na vida tudo é tão interligado que muitas vezes nossas existências se misturam.

Mas o fato é um só, ninguém pode se apossar de algo que você criou com a sua energia, nem você daquilo que os outros criaram.

Sempre que não conseguir algo e alguém sim, lembre-se: o outro apenas obteve aquilo que atraiu. Mas nada te impede de criar também. Então pare de culpar os outros e comece a criar a sua vida!

Desta forma, abandone de vez qualquer senso interno de competição, pois ele é irreal e irracional.

Há um documentário magnífico chamado "l

65

am", que nos faz ver que foi a cooperação, ao contrário do que nos foi ensinado culturalmente, que nos manteve vivos até hoje e assegurou a nossa sobrevivência. Pois vivemos mais quando cooperamos, quando ajudamos uns aos outros.

Que possamos então, finalmente entender isso e passemos a elevar uns aos outros, porque é assim que crescemos e nos expandimos.

Busque inspiração

" - Mas onde está afinal essa tal magia?

- Dentro de você! O que está esperando?

Acorde-a!"

Embora eu e você saibamos o quão incrível, fantástica e infalível a lei da atração é, há milhares de pessoas que nos cercam que não acreditam nisso.

E está tudo certo, cada um acredita naquilo que quer e todos devem ser igualmente respeitados. Pois afinal, estão criando sua realidade como melhor lhe parece.

Entretanto, você está em contato constante com pessoas e informações contidas no mundo que dizem que a lei da atração é bobagem, que nada disso é verdade, então eles vivenciam isso, e constatam isso, porque seus pensamentos criam a sua realidade.

E mesmo que você tenha escolhido pensar e acreditar diferente de todos eles e criar a sua realidade com responsabilidade porque agora sabe que tem poder e faz isso o tempo todo, acaba ficando desestimulado, e sente ainda mais dificuldade em confiar no Universo. Porque aquilo tudo que estão dizendo soa mais familiar e parece mais verdadeiro. Mas isso acontece só porque você nasceu ouvindo e aprendendo todas essas coisas.

Porém, seu guia interno não se engana, e sabe como?

Os Abraham Hicks ensinam isso, para saber se está no caminho certo perceba como você se sente. Então quando está sentindo medo, tal como a grande maioria que te cerca, você se sente mal. E quando está sentindo confiança, expectativa positiva, você se sente bem.

Então agora responda: o que se parece mais com o melhor caminho para você prosseguir? Em qual das frequências vibratórias se sente melhor? O que seu guia interno te diz?

Para obter um equilíbrio interno e não ser tão afetado negativamente por toda essa inconsciência que te cerca, conecte-se com aquilo que te inspira e se inspire positivamente!

Se inspire através da leitura de novos livros, assista vídeos inspiradores sobre a lei da atração, na internet há uma infinidade de vídeos maravilhosos e de explicações de diferentes pensadores e autores. Alguns dos mais instigantes que já vi no youtube são dos Abraham Hicks, Deepak Chopra, Bashar, Louise Hay, Gregg Braden, Eckhart Tolle, Joe Vitale, Horácio Frazão e Dr Pillai, mas sempre acabo encontrando muitos outros.

Busque, pesquise e se inspire! Eleve a sua vibração. Se reconecte com a energia criativa do saber! Há sempre muito a aprender e para expandir a consciência.

Sugiro que crie um espaço no seu dia, um tempo exclusivo dedicado para se inspirar, e assim se alinhar novamente com a energia que cria mundos. Porque toda vez que se sente inspirado está conectado com o Universo, e quando sente essa conexão você naturalmente confia, pois sente que flui junto com a vida!

E por fim, ouça o seu coração, siga a sua felicidade e faça aquilo que te entusiasma e pelo qual sente paixão, é desta maneira que vai encontrar o caminho.

Aprecie a confiança

"Quando você aprecia algo, você o ama,

e quando ama eleva ao máximo a sua vibração."

Acredito que a essa altura do caminho, você já tenha conseguido sentir confiança por, pelo menos, um minuto.

Por mais curto que seja o espaço de tempo em que tenha sentido o aconchego interno de confiar, aprecie-o!

Quando perceber que está confiando, pare e olhe para isso que está sentindo e fique ali sentindo mais e mais. Sinta o quão prazeroso e tranquilizador é estar ali naquele sentimento e ame, aproveite, desfrute, se deleite nessa sensação maravilhosa!

Nestes momentos preste profunda atenção no que sente internamente, naquilo que está pensando e em como está percebendo seu corpo físico.

O reconhecimento dessa sensação é

importante para que você possa acessá-lo novamente depois. Pois quando não estiver se sentindo confiante, você pode relembrar de como se sentiu quando confiou, e seu cérebro vai reproduzir essa lembrança fisicamente. Teste esta experiência interna e veja de que forma funciona para você.

Outra maneira de acessar a sua confiança interna é lembrando de outras vezes em que utilizou a lei da atração para atrair alguma coisa. Tente lembrar como tudo aconteceu. Em dado momento estava lá desejando e vibrando, de repente seu desejo estava em suas mãos!

Pense sobre como se sentia nesse meio tempo. E foque em como é bom deixar as coisas fluírem, pois afinal você deixou naquelas vezes e tudo deu certo.

E novamente, aprecie cada segundo que está dentro da confiança, porque este sentimento é incrível, porque você se colocou ali e porque é fabuloso o que conseguiu fazer!

Então se sinta orgulhoso, se parabenize e agradeça.

Sinta gratidão por esse momento magnífico e volte a apreciá-lo.

Sinta gratidão

"Não há em todo o mundo uma única pessoa que não tenha algo para agradecer.

Nem que seja pelo ar que respira."

Acredito que a sugestão de sentir gratidão não é uma novidade para você, já que muitos autores falam e explicam como a gratidão é poderosa.

Seu poder se dá porque ela faz as coisas fluírem. Deste modo, além da gratidão ajudar na permissão da realização do seu desejo, ela ocupa a sua mente com pensamentos elevados, seu coração com bons sentimentos e seu campo energético com excelentes vibrações.

Focar na gratidão é focar na certeza de que a vida, o Universo está atendendo suas preces e desejos exatamente agora.

É o reconhecimento de que está sendo amparado e apoiado. Também é a garantia de colocar em movimento a energia milagrosa que trará ainda mais coisas boas para agradecer em seguida.

Sinta gratidão por cada segundo de confiança que conseguir alcançar, por cada sinal que as sincronias te trouxerem, por cada pessoa que te guiar, por cada mensagem que surgir, por cada informação que chega até você, por cada pensamento positivo que consegue acreditar, por cada respiração profunda de relaxamento que faz, por cada crença que consegue modificar, por cada energia que é transmutada, por cada simples mas fundamental evidência que encontra de que está no caminho que escolheu.

E eu te garanto que em pouco tempo sentirá gratidão por seu desejo ter sido de fato realizado!

Abaixo segue uma excelente sugestão de prece de gratidão para você começar o seu dia:

"Eu sou profundamente grata Universo por sustentar toda a minha existência,

por suprir todas as minhas necessidades com

abundância, riqueza e prosperidade.

Por me guiar todos os dias, por me amparar e apoiar, por me proteger, por me manter saudável, por me inspirar e elevar a cada segundo.

Eu sou profundamente grata por realizar com harmonia todos os meus desejos e sonhos e por eu poder confiar nos teus caminhos.

Me sinto profundamente grata, muito obrigada!"

E se nada disso funcionar

" - Não consigo encontrar o meu poder interior.

- Isso só pode significar uma única coisa:

Chegou a hora de parar de procurar por esse poder e começar a usá-lo!"

E se nada, nenhuma das sugestões e técnicas que te passei funcionar para te fazer confiar no Universo, pode ser que aquilo que está pedindo seja considerado muito difícil de ser atraído, de acordo com as suas crenças limitantes.

Reveja as suas crenças, se questione internamente sobre o que está te impedindo de confiar que aquilo que quer virá, em seguida preste atenção, ouça a resposta e trabalhe em cima disso.

Lembre-se sempre que absolutamente tudo é possível, e você pode ter, ser e fazer tudo o que quiser ter, ser e fazer. Se isso não está acontecendo ainda é porque você precisa desaprender algum condicionamento limitante, ou aprender mais alguma informação sobre a lei da atração ou ainda conhecer mais sobre você mesmo.

Se ainda assim, nada disso funcionar, tente tornar o seu desejo mais geral, isso te deixa mais aberto ao campo de todas as infinitas possibilidades e menos ansioso.

Por exemplo, se seu desejo era de um emprego específico, apenas peça para ser sustentado e suprido pelo Universo, se era por mais dinheiro em seu negócio, apenas peça para ser mais próspero, se era por um determinado carro, peça por um meio de transporte que te deixe profundamente satisfeito.

Não importa o que você queira, sempre é possível ser mais geral, menos específico, quando isso te causa dúvidas e medo.

Continue buscando, aprendendo novas formas de perceber a existência e desaprendendo outras. Siga constantemente se expandindo, criando e desfrutando desta experiência fantástica que é a vida!

Ainda assim, se nada disso funcionar, responsabilize-se por sua energia. Se as coisas não estão saindo como gostaria tenha paciência. Ser paciente é a arte de sentir paz enquanto espera por algo.

Ás vezes tudo o que há para fazer é aceitar o que é e repousar no momento presente.

Saiba que quando algo não vem da forma como queremos ou imaginamos é porque virá de uma maneira muito melhor, a qual seríamos incapazes de supor. Lembre-se do campo de potencialidades que te cerca e se deixe surpreender!

Já ouviu aquela citação que diz que "tudo que é seu encontrará uma maneira de chegar até você", pois então, confie! Até porque é a única coisa que te resta fazer.

Pare de resistir e deixe fluir...

Posfácio

Sabe quando você se sente apaixonado? Eu acredito que estar inspirado é um estado como este. É estar completamente encantado, só que com a vida!

Estar inspirado e entusiasmado com a vida é fabuloso. Por isso eu desejo sinceramente que você se sinta assim. Este é o propósito de tudo que escrevi aqui e se consegui te inspirar de algum modo fico profundamente grata e feliz.

Quando você se sente inspirado, inspira as pessoas que te cercam e estas àquelas próximas a elas. De repente o mundo todo estará inspirado e vivendo de tal forma que será o paraíso na terra, pois pessoas inspiradas revolucionam eras e realmente mudam o mundo para melhor.

Pessoas inspiradas são inspiradoras porque confiam na vida. Compreenderam que a confiança é e sempre foi o seu estado natural interno.

O fato é que quando você retornar para o seu estado natural de confiança vai lembrar de como é maravilhoso se sentir assim. Vai perceber que os momentos em que não confia são estranhos e desconfortáveis. Então retornará a si mesmo e permitirá que a vida flua com toda a sua grandiosidade e ela retomará um brilho e um encanto nunca visto antes por você.

Já vi muitas pessoas com medo e já senti medo também. E experienciar o medo é triste de ser visto e de ser sentido.

Deste modo, o que aprendi com isso é que uma coisa é certa: quando o sentimos tudo dá errado, não se consegue enxergar nada com clareza. Chega a ser desconcertante observar o quão desequilibrada e errante uma pessoa se torna nesse estado. Ela se torna murcha, perdida, pesada e sem luz.

Por outro lado, quando as pessoas estão confiantes elas estão conectadas ao seu poder interno. É maravilhoso observá-las e apreciá-las deslizando e fluindo com a vida com graciosidade e leveza.

Por isso desejo profundamente que você confie em si mesmo, porque você é um criador magnífico e poderoso. Está aqui para brilhar com toda a sua luz!

Desejo que confie no Universo, porque ele sempre te apoiará.

Que confie nas outras pessoas, pois somente assim atrairá pessoas confiáveis e há muito mais pessoas boas no mundo do que más.

Desejo que confie no bem, no belo e no justo, porque assim o verá com mais frequência.

Por fim, desejo que confie no seu propósito, porque é ele que te guiará para que viva essa fascinante experiência de vida em sua plenitude!

"Seja paciente.
Tudo chegará a você no momento certo."
Buda

Continue o seu trabalho interno vibracional com o:

KIT LEI DA ATRAÇÃO: COMO SOLTAR O DESEJO
pesquisando AQUI:
https://go.hotmart.com/K9903063N

Sobre a autora

 Catiele Souza é uma sonhadora incansável e uma cocriadora consciente.

Formada em Psicologia. Estudante e praticante da Lei da atração há mais de dez anos. Apaixonada pelos segredos e mistérios do Universo. Acredita profundamente que pessoas inspiradas e confiantes mudam o mundo e revolucionam eras e que os livros são, sem dúvida, uma das melhores invenções de todos os tempos já feitas pela humanidade.

Compartilhe comigo os seus resultados e depoimentos sobre as técnicas utilizadas deste material através do e-mail: inspireomundo@gmail.com

Curta a página no Facebook: **Lei da atração e transcendência**.

Conheça também o meu outro ebook: <u>A</u> <u>Energia da abundância</u>.

"Desejo profunda e sinceramente que você realize todos os seus sonhos e que encontre toda a plenitude da tua alma."

Namastê!

CPSIA information can be obtained
at www.ICGtesting.com
Printed in the USA
FSHW010509020120
65663FS